INSTITUT COLONIAL INTERNATIONAL

36, RUE VEYDT, A BRUXELLES

Rapport préliminaire à la Session de 1911.

DU RECUTEMENT

DES

Fonctionnaires Coloniaux

Y COMPRIS

CEUX DE L'ORDRE JUDICIAIRE

PAR

M. Arthur GIRAULT

Membre effectif.

BRUXELLES

ÉTABLISSEMENTS GÉNÉRAUX D'IMPRIMERIE

Succrs de Ad. Mertens

14, rue d'Or, 14

1911

Du recrutement des fonctionnaires coloniaux, y compris ceux de l'ordre judiciaire

par M. Arthur GIRAULT
Membre effectif.

La question du *recrutement des fonctionnaires coloniaux, y compris ceux de l'ordre judiciaire*, n'est pas nouvelle pour l'Institut. En 1895, elle a fait l'objet d'un rapport très étudié et très suggestif de notre collègue, M. Chailley, et elle a donné lieu à la publication de deux volumes de documents concernant les colonies espagnoles, les colonies françaises, les colonies néerlandaises, l'État indépendant du Congo et les colonies allemandes : je les rappelle dans l'ordre suivi par la table des matières. Depuis quinze ans la question a évolué, des règles nouvelles ont été substituées aux dispositions antérieures et la publication d'un troisième volume a été jugée nécessaire par l'Institut pour permettre à ses membres d'étudier l'état actuel de la question. Les documents publiés dans ce premier supplément concernent les colonies néerlandaises, les colonies allemandes, les colonies françaises et enfin les colonies britanniques ou plutôt l'Inde anglaise. Pour chaque pays, ces documents sont précédés en général d'un rapport qui les résume et en éclaire le sens.

Mais il n'est pas au pouvoir de l'Institut de suspendre l'effort législatif dans les divers pays au moment où il se propose d'étudier une question, et, depuis la publication du tome III de notre seconde série, des modifications nouvelles ont encore été apportées. Ainsi, par exemple, en ce qui concerne la France, un important décret sur la solde du 2 mars 1910, en 163 articles, a abrogé et remplacé le décret du 23 décembre 1897 qui occupe les pages 412 à 497 de ce volume. Sur beaucoup de points, sans doute, le nouveau décret se borne à reproduire textuellement les dispositions de l'ancien. Il s'en distingue cependant, du moins si l'on croit le rapport qui le précède, par « un large esprit de décentralisation administrative » et par « quelques dispositions libérales nouvelles dont l'omission dans les précédents textes plaçait parfois les fonctionnaires et agents coloniaux dans une situation pécuniaire délicate ». C'est dire que, dans l'ensemble, ce nouveau décret est plus favorable au personnel. De même, à la date des 25 janvier 1910, 16 et 18 novembre 1910, 21 et 24 février 1911, diverses modifications ont été apportées à l'École coloniale, tant dans l'organisation de l'enseignement que dans le programme des cours et le règlement des examens. Enfin, au moment même où est écrit le présent rapport (février 1911), le Sénat est saisi d'un très important projet sur la réforme de la magistrature coloniale, projet qu'il a voté en première lecture dans sa séance du 7 février 1911.

Dans les autres pays, bien des transformations ont dû sans doute se produire également, que nos collègues pourraient nous signaler. Ces changements d'ailleurs ne doivent être ni un sujet d'alarme ni une cause de découragement pour celui qui a entrepris de les étudier. La législation administrative est partout essentiellement variable et celle des pays neufs est particulièrement instable.

Il serait superflu d'exposer à nouveau toutes les questions que M. Chailley a traitées autrefois dans son rapport, mieux que je ne saurais le faire. Je voudrais simplement mettre en relief quelques-unes des idées qui ont présidé aux changements apportés ou projetés dans les règles concernant le recrutement des fonctionnaires coloniaux. Ce sont ces idées qui font l'objet des thèses que j'ai l'honneur de soumettre aux discussions de l'Institut. Pour les dégager, j'ai surtout observé ce qui s'est passé en France, le seul pays dont je puisse parler avec quelque compétence. Nos collègues pourront les compléter ou les rectifier en apportant l'expérience de leurs pays respectifs.

De ces thèses, les unes concernent la spécialisation des fonctionnaires coloniaux, les autres ont trait aux garanties à établir pour la magistrature coloniale.

A. — DE LA SPÉCIALISATION DES FONCTIONNAIRES COLONIAUX.

I.

Une idée qui frappe tout d'abord, c'est l'*importance croissante attachée, pour la formation des fonctionnaires coloniaux, à la connaissance des langues indigènes et des institutions indigènes.* Sans doute, des fonctionnaires appartenant à des services spéciaux et purement techniques, qui n'ont que peu ou point de rapports avec la population indigène, peuvent s'en passer. Mais ceux qui sont chargés de l'administration générale du pays, ceux auxquels est confiée la mission redoutable de rendre la justice, sont en contact continuel avec cette population, et ils ne peuvent remplir utilement leur tâche que s'ils en connaissent la langue et les institutions. En ce qui concerne la langue, tout a été dit sur les inconvénients multiples que présente l'intermédiaire des interprètes. Il faut que le fonctionnaire et l'indigène puissent arriver à se comprendre directement. Or, comme on ne peut pas pratiquement obliger la masse de la population indigène à apprendre la langue du peuple colonisateur, il faut que ce soient les fonctionnaires du peuple colonisateur qui apprennent la langue indigène. D'ailleurs, si l'on se place au point de vue général de l'économie des efforts dans le monde, il est plus rationnel de demander à quelques centaines de fonctionnaires d'apprendre la langue de leurs administrés que de demander à plusieurs millions d'administrés d'apprendre la langue de leurs fonctionnaires. Quant à la connaissance des institutions, son importance a été mise en relief, au Congrès international de sociologie coloniale tenu à Paris en 1900 pendant l'Exposition universelle, avec une force qui a laissé dans l'opinion des coloniaux une trace profonde.

En France, cette importance croissante donnée à la connaissance des langues et des institutions indigènes s'est manifestée tout d'abord dans l'enseignement donné aux futurs fonctionnaires coloniaux. A l'École coloniale, les cours spéciaux aux carrières indo-chinoises sont aujourd'hui les suivants : *Géographie détaillée de l'Indo-Chine; Histoire des institutions de l'Indo-Chine et de la Chine; Législation et administration de l'Indo-Chine française; Langue annamite; Langue cambodgienne; Lecture et explication de pièces usuelles chinoises et annamites; Langue Thaï*, et ceux spéciaux aux carrières africaines sont : *Géographie détaillée de l'Afrique; Législation et administration de nos possessions africaines; Droit musulman; Dialectes et coutumes de l'Afrique occidentale française; Langue malgache et coutumes de Madagascar.* (Décret du 21 février 1911, art. 1.) En ce qui concerne les carrières africaines, des points supplémentaires sont en outre accordés aux élèves qui subissent avec succès les épreuves d'un examen portant sur la langue arabe (arrêté du 24 février 1911). Il suffit de faire la comparaison avec l'organisation rudimentaire des cours dans les premières années de l'école pour saisir l'importance du progrès accompli. L'Université d'Alger délivre de son côté un certificat d'études de législation algérienne, de droit musulman et de coutumes indigènes (décret du 31 décembre 1889) qui donne accès à un certain nombre de carrières dans l'Afrique du Nord.

Spécialement en ce qui concerne les magistrats coloniaux, le souci de leur assurer une préparation appropriée a inspiré la création d'une section spéciale à l'École coloniale (décret du 7 avril 1905 et arrêté du 30 juillet 1907). Cette création n'a pas donné en pratique les résultats espérés, ainsi que le constate une note annexée au rapport de M. le sénateur Flandin, dont j'ai l'honneur de déposer un exemplaire sur le bureau de l'Institut (pages 58-59). Mais cela tient à des causes auxquelles il est possible de remédier. Il suffit pour cela d'un texte législatif imposant à nos magistrats coloniaux la justification de connaissances spéciales. Dans cet ordre d'idées, l'article 6 du projet adopté par le Sénat, dans sa séance du 7 février 1911, porte : « En Indo-Chine, les juges d'instruction, les juges suppléants, les juges de paix à compétence étendue, les juges présidents des tribunaux de première instance, les procureurs de la République et les substituts près ces mêmes tribunaux ne peuvent être inscrits au tableau d'avancement s'ils n'ont justifié de la connaissance de l'une des langues indigènes en usage dans le pays. Pour les autres colonies à législation indigène, des décrets détermineront l'époque à partir de laquelle la connaissance des langues et idiomes locaux sera obligatoire. Jusque-là, elle restera facultative, mais il en sera tenu compte pour l'établissement du tableau d'avancement. »

Sans doute, il reste beaucoup à faire en France dans le sens que j'indique. Nous ne nous sommes pas préoccupés suffisamment, en particulier, de développer la connaissance de l'arabe parmi nos fonctionnaires, nos magistrats et nos officiers dans l'Afrique du Nord. Mais il semble bien que l'élan soit donné.

II.

Exiger des fonctionnaires la connaissance de la langue et des institutions du pays où ils exercent leurs fonctions entraîne certaines conséquences qu'il faut savoir accepter. Bien des fonctionnaires coloniaux, en France, raisonnent ainsi : « Sans doute, je me perfectionnerais avec plaisir dans la connaissance de la langue et des institutions de cette colonie qui m'intéresse. Je sens tous les services que cela me rendrait dans l'exercice de mes fonctions. Mais à quoi bon? Dans quelques années, les nécessités de ma carrière m'entraîneront dans une autre colonie toute différente. Je quitterai ce pays juste au moment où je pourrais tirer utilement parti des connaissances que j'y aurais acquises. Ce que j'aurais ainsi appris ne me servira dès lors à rien. Ma peine aura été inutile ». Voilà la grande cause de découragement.

Cette cause est particulièrement agissante dans les pays comme la France qui ont des colonies très diverses les unes des autres. Il n'y a qu'un moyen d'annihiler son action : c'est de *donner au fonctionnaire la perspective de faire toute sa carrière dans le même pays*. Il convient que cela soit, sinon la règle absolue, du moins le fait normal. Ce n'est d'ailleurs qu'à cette condition que le fonctionnaire s'attachera au pays où il exerce ses fonctions. Et l'idéal, c'est le fonctionnaire colonial qui aime sa colonie.

III.

On arrive ainsi à cette conclusion : c'est qu'il importe de *spécialiser dès le début les fonctionnaires coloniaux par colonie ou par groupe de colonies similaires.* C'est là un résultat très difficile à obtenir. On se heurte à la résistance de l'administration centrale qui trouve plus commode de généraliser et d'appliquer partout des règles uniformes et qui, pour cette raison, n'aime pas distinguer entre les colonies. L'humeur voyageuse de certains fonctionnaires coloniaux, qui ont le goût du changement et qui sont curieux de visiter des pays divers, résiste aussi à cette spécialisation. Elle est pourtant la condition de tout progrès. Celui-ci est l'œuvre non pas des coloniaux amateurs et errants qui essaient partout, souvent avec le même insuccès, les mêmes méthodes, mais des spécialistes qui connaissent bien un pays déterminé et qui s'y intéressent d'une manière exclusive, voire même quelque peu jalouse.

Cette spécialisation, en France, est tout à fait incomplète. Elle se trouve contrariée dès le début par l'existence d'*une* École coloniale unique. Sans doute, à cette école une distinction est établie entre la carrière indo-chinoise et la carrière africaine; mais il est permis aujourd'hui de se demander s'il n'eût pas mieux valu avoir deux écoles distinctes, l'une pour l'Indo-Chine et l'autre pour l'Afrique, situées au besoin dans des villes différentes. Même en ce qui concerne les carrières africaines, il y aurait lieu de distinguer entre la préparation des fonctionnaires qui se destinent à l'Afrique occidentale ou équatoriale et celle des fonctionnaires qui songent à

Madagascar. Il n'y a en France de véritablement tranché que la séparation qui existe entre les fonctionnaires algériens, les fonctionnaires tunisiens et les fonctionnaires coloniaux proprement dits. Ces trois catégories de fonctionnaires relèvent de ministères différents, si bien que, d'un compartiment à l'autre, on ne se connaît même pas. Résultat plutôt fâcheux d'ailleurs, s'agissant de pays aussi voisins et aussi semblables que l'Algérie et la Tunisie. Par une anomalie singulière, le fonctionnaire qui est au Soudan peut avoir des *camarades* en Cochinchine; mais celui qui est en Algérie n'a pas de camarades en Tunisie.

Dans les colonies françaises proprement dites, la spécialisation n'existe pour ainsi dire que dans les administrations subalternes, celles qui ont été créées ou organisées par des arrêtés locaux (exemple : personnels des affaires indigènes de l'Afrique occidentale et de l'Afrique équatoriale). Mais le personnel des administrateurs coloniaux appartient à un cadre général commun. De même du personnel des secrétariats généraux. De même de la magistrature coloniale. De même de l'armée coloniale. Seul le personnel des services civils de l'Indo-Chine est spécial à ce pays.

Ce n'est pas que des efforts n'aient été tentés pour établir des distinctions là où la raison commande d'en faire. L'Union coloniale française a organisé des congrès quinquennaux dont chacun serait consacré à un groupe de colonies déterminé : l'Afrique du Nord (Algérie et Tunisie), les anciennes colonies (Réunion, colonies d'Amérique et d'Océanie), Madagascar (à laquelle on joindrait sans doute la Côte des Somalis), l'Afrique occidentale et équatoriale, et enfin l'Indo-Chine française (à laquelle il serait rationnel de joindre les établissements de l'Inde) formant cinq groupes naturels nettement tranchés. Dans le projet de loi sur la magistrature coloniale voté en première lecture par le Sénat, il est question également d'établir le tableau d'avancement par groupes de colonies (art. 4 et 18). Enfin, on a parlé quelquefois de substituer à notre armée coloniale unique des armées distinctes dont chacune serait affectée spécialement à la garde d'un groupe de colonies déterminé (car il est aussi désirable de spécialiser les officiers que les fonctionnaires civils et les magistrats). Mais ce sont là des aspirations qui n'ont encore été suivies d'aucun résultat dans les faits.

B. — Des garanties concernant les magistrats dans les colonies.

La justice peut être rendue aux colonies, soit par des fonctionnaires administratifs qui cumulent des attributions judiciaires avec leurs attributions propres, soit par des magistrats de carrière dont la fonction essentielle est de rendre la justice. Il n'y a pas lieu d'examiner ici la question de savoir à quel moment il convient d'introduire aux colonies des magistrats de carrière. En général, au début de la colonisation, par la force même des choses, les fonctions judiciaires sont confondues avec les fonctions administratives. Mais, un peu plus tôt ou un peu plus tard, il arrive un moment où cette situation ne peut plus se prolonger et où le Gouvernement juge bon de faire appel à des magistrats de carrière. Dès lors se pose la question de savoir quelle situation il convient de faire à ces magistrats dans leurs rapports avec les autorités administratives et quelles garanties d'indépendance il convient de leur accorder.

I.

L'idée fondamentale qui se présente tout d'abord à l'esprit, c'est que les justiciables doivent obtenir les mêmes garanties d'une bonne justice aux colonies qu'en Europe. Cette idée conduit, d'une part, à exiger des magistrats coloniaux les mêmes preuves de savoir et de capacité que celles que l'on demande aux magistrats de la métropole. Elle conduit ensuite à accorder à ces magistrats les mêmes garanties d'indépendance et de sécurité au point de vue de la carrière.

Exiger des magistrats coloniaux les conditions d'âge et de capacité imposées aux magistrats dans la mère-patrie est une conception qui n'est guère contestable et qui, peu à peu, fait son chemin. Il convient même d'exiger des magistrats coloniaux des garanties plus grandes, puisqu'il est désirable de leur demander de joindre à la connaissance des choses judiciaires celle des choses coloniales (voir thèse A).

En France, on se montrait autrefois moins exigeant à l'égard des jeunes gens qui voulaient entrer dans la magistrature coloniale qu'à l'égard de ceux qui aspiraient à pénétrer dans la magistrature métropolitaine. Mais la tendance affirmée dans les textes les plus récents est d'exiger pour les colonies les mêmes conditions que pour l'Europe (voir les textes cités dans mes *Principes de colonisation et de législation coloniale*, tome II, pages 6 et 7). Cette tendance est consacrée d'une manière générale, par l'art. 2, al. 2, du projet de loi adopté par le Sénat, lequel porte : « Ils (les magistrats coloniaux) sont tenus de justifier des conditions d'âge, de diplôme et d'examen professionnel exigées des candidats aux emplois de la magistrature métropolitaine et doivent être munis en outre d'un certificat spécial d'aptitude aux fonctions judiciaires coloniales ». Sont seules dispensées de ce certificat spécial les personnes énumérées dans l'article 3, lesquelles présentent des garanties jugées équivalentes.

En ce qui concerne nos magistrats algériens, l'assimi-.lation aux magistrats de la métropole est la règle tradi-tionnelle. Il faut même remarquer que pour les juges de paix, on est beaucoup plus sévère en Algérie qu'en France. Tous les juges de paix de l'Algérie doivent être et sont licenciés en droit, alors qu'une grande partie de leurs collègues de la métropole ne possèdent pas ce diplôme.

Aujourd'hui, je le répète, il n'y a guère de contestation au sujet des garanties qu'il convient d'exiger des magis-trats coloniaux. Mais la question de savoir quelles garan-ties il y a lieu de leur accorder est beaucoup plus discutée et beaucoup plus difficile.

En France, les magistrats du siège sont inamovibles dans la métropole. Aux colonies, au contraire, (et d'après l'interprétation donnée par la jurisprudence de la loi du 30 août 1883, il en est de même en Algérie), ces mêmes magistrats ne sont pas inamovibles. L'idée d'accorder aux magistrats coloniaux le bénéfice de l'inamovibilité, admise tout d'abord au début de la Restauration, a été finalement abandonnée lors de la rédaction des grandes ordonnances de Charles X sur l'organisation judiciaire aux colonies. Et il est arrivé ceci : tandis que, dans les administrations coloniales de création récente, des règles précises concernant le recrutement, l'avance-ment, la discipline, ont été posées, règles qui constituent autant de garanties précieuses, rien ou presque rien n'a été fait en faveur des magistrats coloniaux, si bien qu'en défi-nitive, ce sont ceux auxquels la sécurité est le plus indis-pensable pour remplir convenablement leurs fonctions qui ont le moins de garanties.

Cette situation et les abus qu'elle favorisait ne pou-vaient pas manquer de frapper tous ceux qui ont le souci de la justice aux colonies. A plusieurs reprises, des remèdes ont été proposés ou tentés. En 1896, M. le séna-teur Isaac a déposé, sur l'organisation judiciaire aux colonies, une proposition de loi qui n'a pas abouti, mais dont l'exposé des motifs très substantiel traite la question d'une maniére complète et approfondie. Une décision présidentielle du 19 avril 1898 (1) a approuvé la constitution auprès du ministère des colonies d'une commission consultative permanente chargée de donner son avis sur les mesures disciplinaires à prendre contre les magistrats coloniaux. Désormais, le ministre des colonies est obligé, avant de statuer, de prendre l'avis de cette commission (voir l'arrêt du Conseil d'État du 22 novembre 1907). Mais ce n'est là qu'un palliatif insuffisant, le ministre n'étant pas lié par cet avis.

La question s'est donc posée entière lors de la rédaction du projet deloi sur la magistrature coloniale actuellement soumis au Sénat.

Ce projet accorde aux magistrats coloniaux une double garantie :

1º Il institue un tableau d'avancement dressé au début de chaque année par une commission composée de membres de la Cour de cassation et de hauts fonctionnaires du ministère, mais dans laquelle les magistrats constituent l'élément dominant. Nul ne peut être inscrit à ce tableau qu'après deux ans de services effectifs, et nul ne peut être promu à un poste comportant une augmentation de traitement s'il n'est inscrit sur ce tableau (voir les articles 4 à 7). C'est là un obstacle au favoritisme et aux avancements trop rapides et injustifiés.

2º Il accorde, dans une certaine mesure, aux magis-

____

(1) Reproduite dans le rapport de M. Flandin (annexe D, page 50).

trats du siège le bénéfice de l'inamovibilité. D'après l'art. 8, ces magistrats ne peuvent être destitués, rétrogradés ou mis d'office à la retraite que sur l'avis conforme de la Cour de cassation siégeant comme conseil supérieur de la magistrature. Sur ce point la règle est la même que celle adoptée par la magistrature métropolitaine. Mais l'inamovibilité, ainsi admise quant à la fonction, n'est pas étendue à la résidence. L'impossibilité manifeste de garder dans une colonie des magistrats qui seraient continuellement en conflit avec le gouverneur et rendraient sa tâche impossible, a fait proposer la règle d'après laquelle les magistrats coloniaux peuvent être *déplacés d'office à poste égal* après avis de la commission chargée de dresser le tableau d'avancement.

Cette combinaison bâtarde n'est pas nouvelle : elle a été proposée à plusieurs reprises au siècle dernier. Elle se heurte à une objection très grave : elle donne au magistrat qui désire quitter une colonie particulièrement malsaine ou indésirable un moyen trop facile d'obtenir satisfaction en se rendant impossible dans cette colonie. Cette combinaison est en outre directement contraire à la règle de la spécialisation des fonctionnaires et des magistrats coloniaux qui a été posée plus haut. Aussi n'y a-t-il pas lieu d'être surpris de l'amendement à cet article 8 du projet qui a été déposé par M. le sénateur Chautemps. D'après cet amendement, « si un magistrat se trouve dans une situation telle que son maintien dans le poste qu'il occupe ne saurait se prolonger sans de graves inconvénients, il peut être, soit déplacé d'office à poste égal *dans la colonie*, soit renvoyé d'office à la disposition du ministre des colonies ». Cette mesure serait prise par le gouverneur, sur l'avis conforme du conseil privé. En fait, le déplacement à poste égal dans la colonie ne sera pas toujours possible. C'est donc le renvoi à la disposition du ministre qui apparaît comme la sauvegarde essentielle du principe d'unité d'autorité sur lequel celui de l'inamovibilité de la magistrature ne saurait prévaloir sans danger.

II.

Nous arrivons ainsi au second point de la thèse, savoir que les garanties accordées aux magistrats ne peuvent aller jusqu'à les soustraire soit à l'autorité du ministre des colonies, soit même à celle des gouverneurs.

Le principe d'unité d'autorité exige tout d'abord qu'aux colonies toutes les autorités civiles ou militaires, administratives ou judiciaires relèvent du ministre des colonies et de lui seul. Autrement, c'est le conflit inévitable et insoluble, chaque service s'appuyant sur les bureaux du ministère auquel il se rattache pour résister à l'action du ministre qui a la responsabilité de la direction des affaires coloniales. Toutes les fois qu'un service technique aspire à se rendre indépendant, il cherche à s'abriter dans la capitale derrière une administration qui puisse lutter à armes égales contre celle à l'influence de laquelle il veut se soustraire. Aussi n'est-il pas surprenant que des tentatives aient été faites au sein de la magistrature coloniale dans le sens du rattachement au ministère de la justice. En France, cette solution a été défendue au Congrès des anciennes colonies par M. Couturier, directeur honoraire au ministère de la justice (voir son rapport dans le compte-rendu du Congrès des anciennes colonies, pages 219 à 225). En ce sens, les arguments spécieux ne manquent pas. On fait valoir que « le ministère de la justice possède des traditions, un corps de doctrine, une expérience et des ressources de recrutement

qui font nécessairement défaut au ministère des colonies ».
Surtout, les magistrats coloniaux espèrent — et peut-être
se font-ils quelque illusion à cet égard — que ce système
leur permettrait de rentrer plus facilement dans la magistrature métropolitaine.

Le projet adopté en première lecture par le Sénat,
dont l'esprit est cependant si favorable aux prétentions
de la magistrature, n'a pas cru devoir aller jusque là.
Le rapporteur, M. le sénateur Flandin, a fait remarquer
que les postes de la magistrature coloniale deviendraient
des lieux d'exil où le rebut du personnel judiciaire serait
envoyé en disgrâce. Il a même prononcé le mot de « com-
pagnies de discipline de la magistrature ». Puis le rattachement de la magistrature coloniale au ministère
de la justice constituerait un précédent qui ne manquerait
pas d'être invoqué par les autres administrations. Et
ainsi, s'introduirait peu à peu aux colonies le système
néfaste des rattachements que l'expérience a condamné
en Algérie. Ainsi, quel que soit le point de vue auquel
on se place, dans l'intérêt de la magistrature coloniale
comme dans celui des colonies, le rattachement à la
justice doit être écarté.

Le principe d'unité d'autorité exige en second lieu
que, sur place, toutes les autorités locales sans distinction
soient subordonnées au gouverneur. Cette règle, qui
constitue la pierre angulaire des grandes ordonnances de
Charles X sur le gouvernement des colonies, est tradi-
tionnelle en France. C'est elle que le projet dont M. le sénateur Flandin a été le rapporteur, cherche à écarter (voir
notamment l'article 16) et que les amendements proposés
par M. le sénateur Chautemps ont au contraire pour
but de sauvegarder. Il est difficile de prédire lequel l'em-
portera finalement de ces deux systèmes. Assurer aux

habitants des colonies une justice impartiale est sans doute un idéal très noble. Bien des réformes peuvent être faites dans cet ordre d'idées sur lesquelles tous les bons esprits sont d'accord, et les gouverneurs seront souvent les premiers à se réjouir de pouvoir s'abriter derrière certaines règles absolues pour résister aux sollicitations excessives et déplacées. Mais il n'est nullement nécessaire pour atteindre ce but de permettre à un chef du service judiciaire de correspondre directement avec le ministère en passant par dessus la tête du gouverneur, et il serait impardonnable de sacrifier aux prétentions de l'esprit de corps les principes les plus essentiels du gouvernement des colonies.

ARTHUR GIRAULT,
professeur à l'Université de Poitiers.

THÈSES

Du recrutement des fonctionnaires coloniaux, y compris ceux de l'ordre judiciaire.

A. — DE LA SPÉCIALISATION DES FONCTIONNAIRES COLONIAUX.

I. — La connaissance des langues indigènes et des institutions indigènes doit être une condition absolue imposée aux fonctionnaires de l'ordre administratif général ou de l'ordre judiciaire appelés à servir dans les colonies où la grande majorité de la population est constituée par des indigènes.

II. — En conséquence, il convient que ces fonctionnaires aient la certitude de faire toute leur carrière coloniale dans le pays dont ils connaissent la langue et les institutions.

III. — Il importe, par suite, de spécialiser ces fonctionnaires par colonie ou par groupe de colonies similaires. Cette spécialisation doit s'opérer dès le début et la séparation doit être aussi tranchée que possible.

B. — DES GARANTIES CONCERNANT LES MAGISTRATS DANS LES COLONIES.

I. — Il convient d'imposer aux magistrats coloniaux les mêmes conditions d'âge et de capacité qu'aux magistrats de la métropole et de leur accorder, autant que possible, les mêmes garanties d'indépendance et de sécurité dans la carrière.

II. — Ces garanties ne peuvent aller jusqu'à les soustraire, soit à l'autorité du ministre des colonies, soit à l'autorité du gouverneur.